I0814614

MEG NO ESTÁ SOLA

Por Megan Hill
Ilustrado por Samara Hardy

B&H niños®
Brentwood TN

Meg no está sola

B&H Publishing Group
Brentwood TN, 37027

Ilustraciones, diseño del libro y portada: Samara Hardy

Clasificación decimal Dewey: C262.7
Clasifíquese: IGLESIA \ COMUNIÓN DE LA IGLESIA \ IGLESIA--UNIDAD

ISBN: 979-8-3845-0823-6
Impreso en China
Fabricado en Shenzhen, China por Hung Hing Printing, en marzo de 2025.

1 2 3 4 5 * 28 27 26 25

Este mandamiento nuevo les doy: que se amen los unos a los otros.
Así como yo los he amado, también
ustedes deben amarse los unos a los otros.

—JUAN 13:34 (NVI)

La iglesia había terminado. Meg, su mamá y su papá estaban recogiendo sus abrigos. El abrigo de Meg era rojo con botones brillantes.

El abrigo de Meg estaba colgado muy alto. Meg se paró de puntillas para alcanzarlo, pero no pudo. Entonces saltó, pero sus dedos apenas rozaron la manga del abrigo. El salto también la impulsó hacia el resto de los abrigos. Saltó de nuevo. Estaba oscuro y cálido ahí.

Entre los abrigos, Meg podía oír a sus padres hablar. Sus voces se escuchaban lejanas y difusas.

«Creo que caminaré a casa —escuchó decir a su papá—. Es maravilloso poder ver el sol nuevamente». Su mamá dijo: «Me parece bien. Yo puedo conducir el automóvil».

Meg frotó sus manos en los abrigos. Escuchó a su papá decir: «Bien, ¿tú llevarás a Meg a casa?», y también escuchó a su mamá decir: «¿Llevarás a Meg contigo?».

Pero no escuchó que alguien respondiera.

Cuando Meg salió, observó que su abrigo rojo aún colgaba de la pared, pero su mamá y su papá ya no estaban ahí.

Meg intentó ser valiente, pero no pudo evitar que una lágrima recorriera su mejilla. Se sentía sola y con miedo.

La puerta se abrió y Meg escuchó una voz familiar: «¡Meg! ¿Qué haces aquí sola?».

Era la Sra. Martínez, la maestra de escuela dominical de Meg, con su bebé, Roberto. «No sé dónde están mis papás», dijo Meg. No quería llorar, pero su voz salió entre sollozos.

Roberto no estaba llorando.
Jugaba mientras sacaba la lengua.

«Bueno, Meg —dijo la Sra. Martínez—, todo estará bien. Encontraremos a tus papás. Olvidé mi teléfono, pero pediré uno prestado y llamaremos a tu mamá».

Meg comenzó a sentirse un poco mejor.

Meg también reconoció a la siguiente persona que entró. Era el hombre que tocaba el piano cada domingo mientras todos cantaban los himnos.

La Sra. Martínez le pidió que llamara a la mamá de Meg. Después de un minuto, Meg lo escuchó decir: «Hola, ¿eres la mamá de Meg? Sí, Meg está bien. Está aquí en la iglesia con la Sra. Martínez. Probablemente hubo un error». Enseguida puso el teléfono en el oído de Meg.

«¿Mamá?», dijo Meg. Esta vez no hubo sollozos.

«¿Dónde estás?».

«Oh, Meg —escuchó decir a su mamá—, lo siento mucho. Papá y yo nos confundimos y ambos nos fuimos sin ti a casa. Llamaré a papá enseguida y le pediré que regrese por ti. Mientras esperas, la Sra. Martínez y nuestros amigos de la iglesia cuidarán de ti. Te amo, Meg».

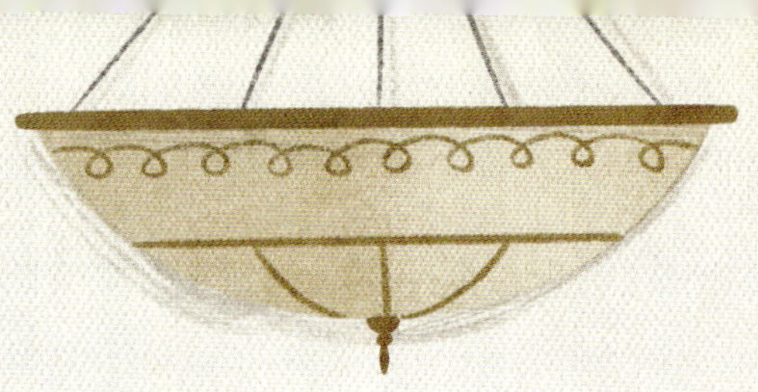

Mientras Meg hablaba por teléfono, la Sra. Martínez fue a buscar ayuda. Pronto, otras personas comenzaron a entrar en la habitación.

Un adolescente se acercó con una caja de pañuelos desechables para que Meg pudiera sonarse la nariz.

Una mujer se acercó y le ofreció a Meg una botella de agua y una bolsa con galletas. «Son de la oficina del pastor —dijo mientras guiñaba un ojo—, pero a él no le importará».

Un hombre se acercó con algunos libros de la escuela dominical. «Pensé que podrías mirarlos mientras esperas».

Meg ya no estaba triste. Y cuando el bebé Roberto empezó a hacer un berrinche, Meg hizo una cara divertida para hacerlo reír.

En poco tiempo, la puerta se abrió nuevamente.

Era el papá de Meg. «¡Meg! —dijo mientras le daba un gran abrazo—. Lo siento, ¿estás bien?».

Meg le devolvió el abrazo. Después miró alrededor a todas las personas que la habían ayudado.

La Sra. Martínez, quien fue la primera que la ayudó a no sentirse sola.

El hombre que compartió su teléfono.

El adolescente que le trajo pañuelos desechables, la mujer que le ofreció galletas, el hombre que le prestó unos libros. Todas las personas que se habían acercado para asegurarse de que estuviera bien.

«Estoy bien —dijo Meg a su papá—. Realmente estoy bien».

El papá tomó el abrigo de Meg.

«Lamento que te hayamos dejado, pero me alegro de que no hayas estado sola mucho tiempo. Dios cuidó bien de ti».

«¿Dios?», preguntó Meg. Estaba confundida.
Pensó en sus nuevos amigos de la iglesia.

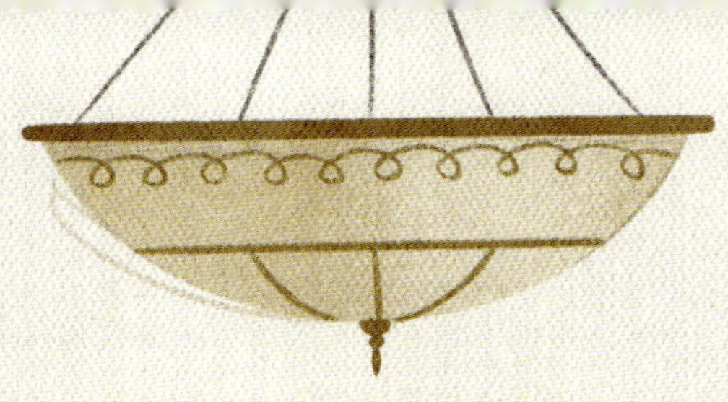

«Sí —respondió su papá—. Dios nos dio amigos en la iglesia para cuidarnos. Cuando estamos solos, tenemos miedo o necesitamos ayuda, las personas de la iglesia son nuestros amigos. Nos aman porque aman a Dios. Y Dios muestra Su amor por nosotros al enviarlos para ayudarnos».

«¡Yo también soy una amiga de la iglesia! —dijo Meg—. Hice que el bebé Roberto sonriera cuando estaba triste».

Meg miró hacia atrás.

«Estoy feliz de tener amigos en la iglesia».

Entonces, Meg y su papá se fueron a su casa.

FIN

Nota para los niños

¿Puedes adivinar cómo se me ocurrió esta historia? Escribí esta historia porque me pasó de verdad. Un domingo, cuando tenía más o menos tu edad, mis padres me dejaron en la iglesia. No era su intención. Cometieron un error. Como Meg, me sentí sola. Pero entonces Dios cuidó de mí trayendo amigos de la iglesia para ayudarme, igual que ayudaron a Meg.

Antes de ir a la cruz a morir, Jesús dijo a Sus amigos que se amaran los unos a los otros: «Este mandamiento nuevo les doy: que se amen los unos a los otros. Así como yo los he amado, también ustedes deben amarse los unos a los otros» (Juan 13:34 NVI).

Al igual que aquellos primeros cristianos, nuestros amigos de la iglesia adoran a Dios con nosotros, nos enseñan sobre Él, nos animan a no pecar y oran por nosotros. También nos ayudan siempre que necesitamos algo.

Yo ya soy mayor (y tengo cuatro hijos), pero sigo necesitando amigos de la iglesia. Hace unos domingos, me dejaron en la iglesia (¡otra vez!). Mi esposo cometió un error y se llevó mi automóvil. Me sentí sola. Pero ¿adivinen qué? Un amigo de la iglesia me prestó su auto para que pudiera llegar a casa sana y salva.

Espero que siempre recuerdes que Dios te da amigos en la iglesia para ayudarte. ¡Démosle gracias por ser tan bueno!